LECTURA COMIENZA EL ALFABETO

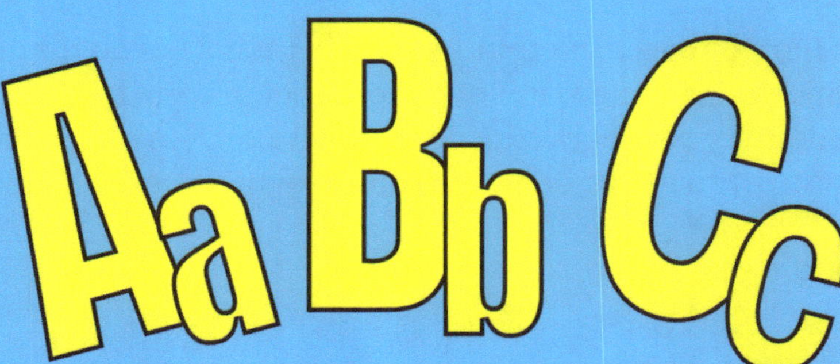

Mark Satorre

Fruta
(Fruit)
/froo-tah/

Búho
(Owl)
/boo-oh/

Avión
(Airplane)
/ah-byohn/

Guitarra
(Guitar)
/gee-tah-rah/

Lectura Comienza: El Alfabeto

Para más información, diríjase a

Publicado por

Kids Reading Adventures LLC
Las Vegas, Nevada
www.kidsreadingadventures.com
sales@kidsreadinadventures.com

A mi maravillosa familia,

Gracias por vuestro apoyo incondicional y vuestro aliento sin fin.
Vuestro amor y creencia en mí marcan la diferencia.

Con toda mi gratitud,

Author

Avión
(Airplane)
/ah-byohn/
Árbol
(Tree)
/ahr-bol/
Aa
"a"
Abeja
(Bee)
/ah-bay-hah/

Búho
(Owl)
/boo-oh/
Bicicleta
(Bicycle)
/bee-see-kleh-tah/
Bebé
(Baby)
/beh-beh/
Bb
"be"

Cielo
(Sky)
/syeh-loh/
Cebra
(Zebra
/seh-brah/
Café
(Coffee)
/kah-feh/
Cc
"ce"

Ducha
(Shower)
/doo-chah/
Dirección
(Direction)
/dee-rehk-syon/
Dinero
(Money)
/dee-neh-roh/
Dd
"de"

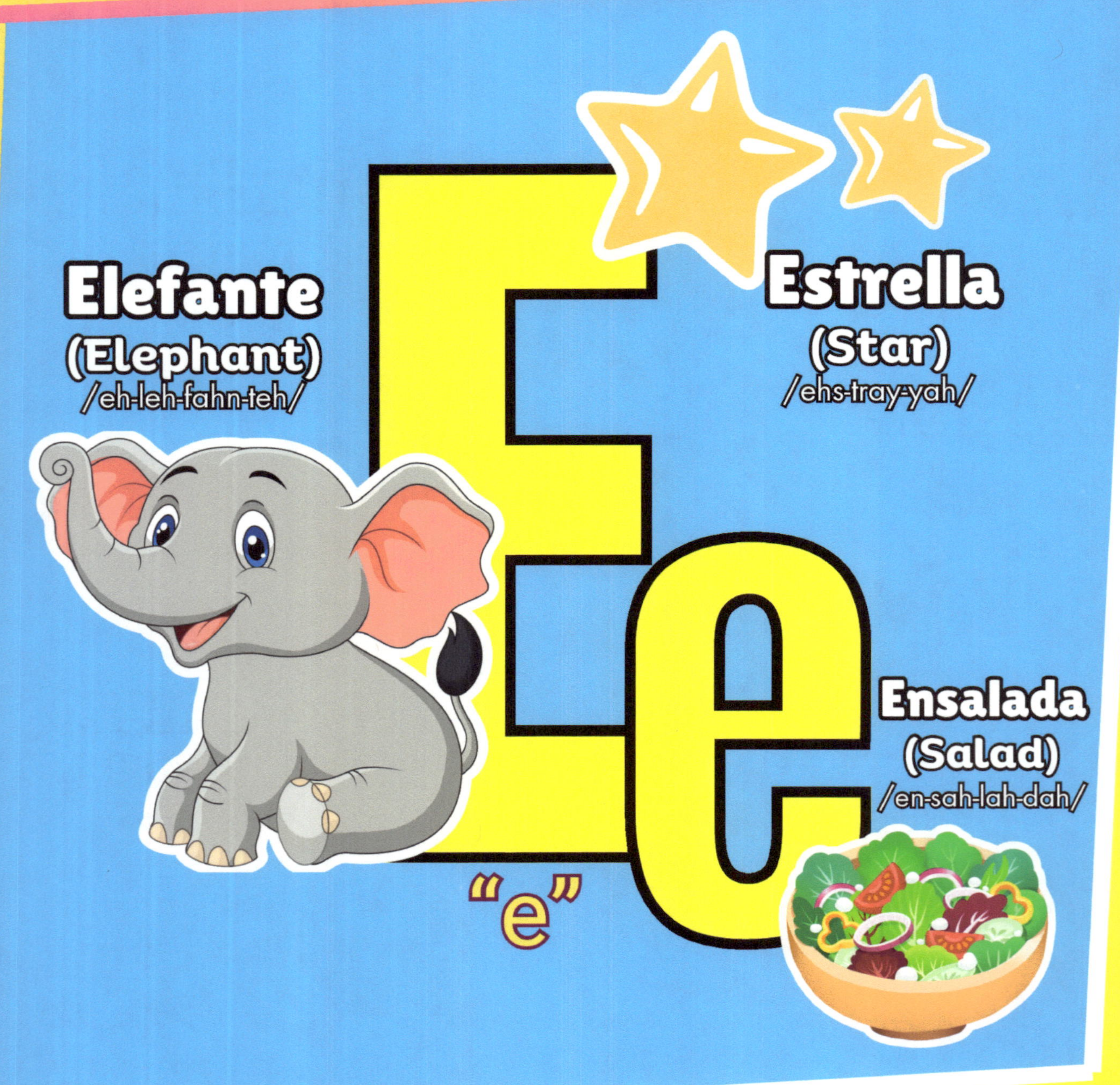

Elefante
(Elephant)
/eh-leh-fahn-teh/
Estrella
(Star)
/ehs-tray-yah/
Ensalada
(Salad)
/en-sah-lah-dah/
Ee
"e"

Flor
(Flower)
/flor/
Fútbol
(Soccer)
/foot-bol/
Fruta
(Fruit)
/froo-tah/
Ff
"efe"

Guitarra
(Guitar)
/gee-tah-rah/
Globo
(Balloon)
/gloh-boh/
Gato
(Cat)
/gah-toh/
Gg
"ge"

Hueso
(Bone)
/weh-soh/
Hija
(Daughter)
/ee-hah/
Huevo
(Egg)
/weh-boh/
Hh
"hache"

Impermeable
(Raincoat)
/eem-pehr-meh-ah-bleh/

Igúana
(Iguana)
/ee-gwah-nah/

Imán
(Magnet)
/ee-mahn/

Ii

"i"

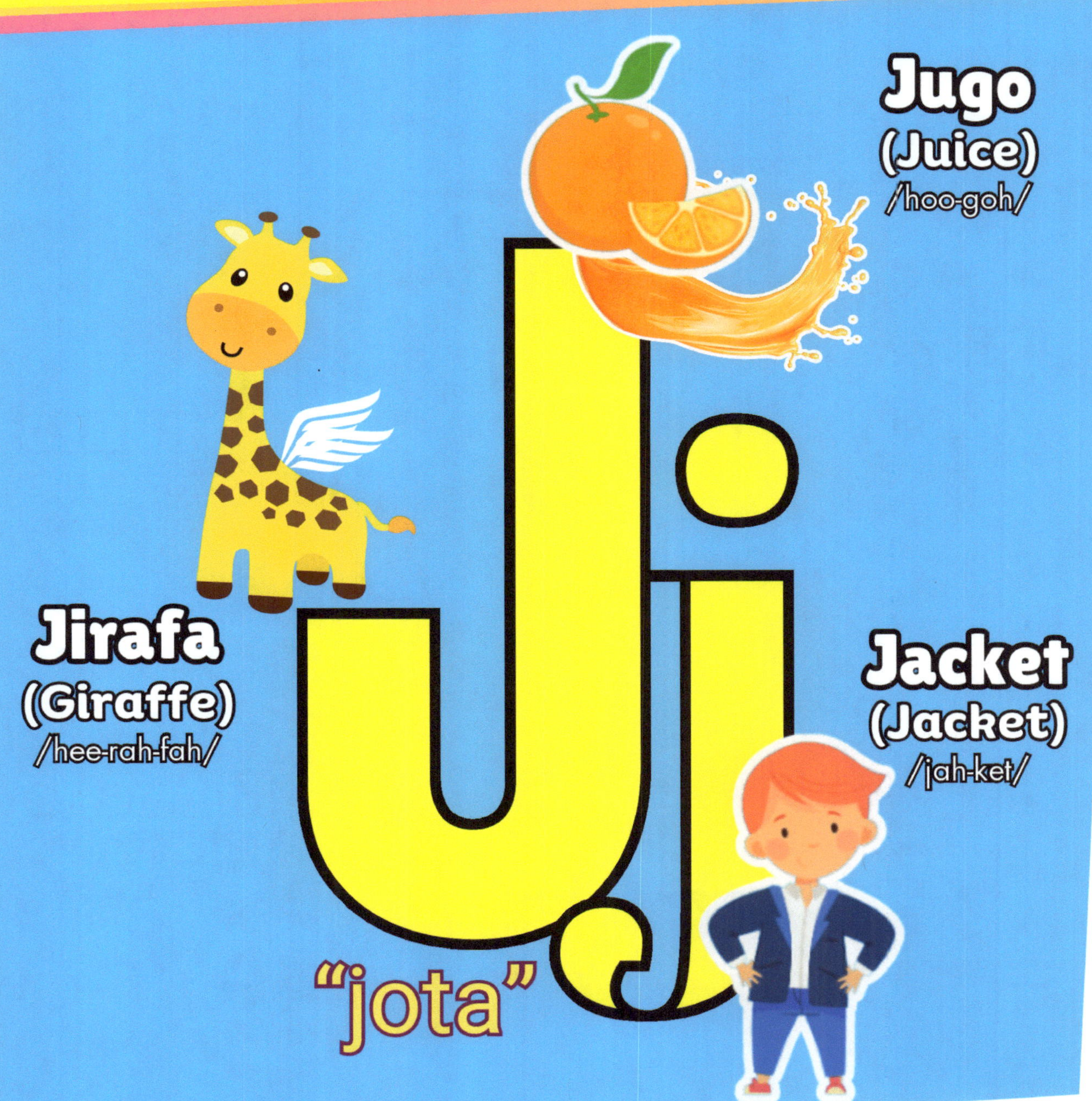

Jugo
(Juice)
/hoo-goh/
Jirafa
(Giraffe)
/hee-rah-fah/
Jacket
(Jacket)
/jah-ket/
Jj
"jota"

Kiosco
(Kiosk)
/kee-os-koh/
Kanguro
(Kangaroo)
/kan-goo-roh/
Kilómetro
(Kilometer)
/kee-loh-meh-troh/
Kk
"ka"
40
Km / Hr

Lámpara
(Lamp)
/lahm-pah-rah/
Libro
(Book)
/lee-broh/
Leche
(Milk)
/leh-cheh/
Ll
"ele"
MILK

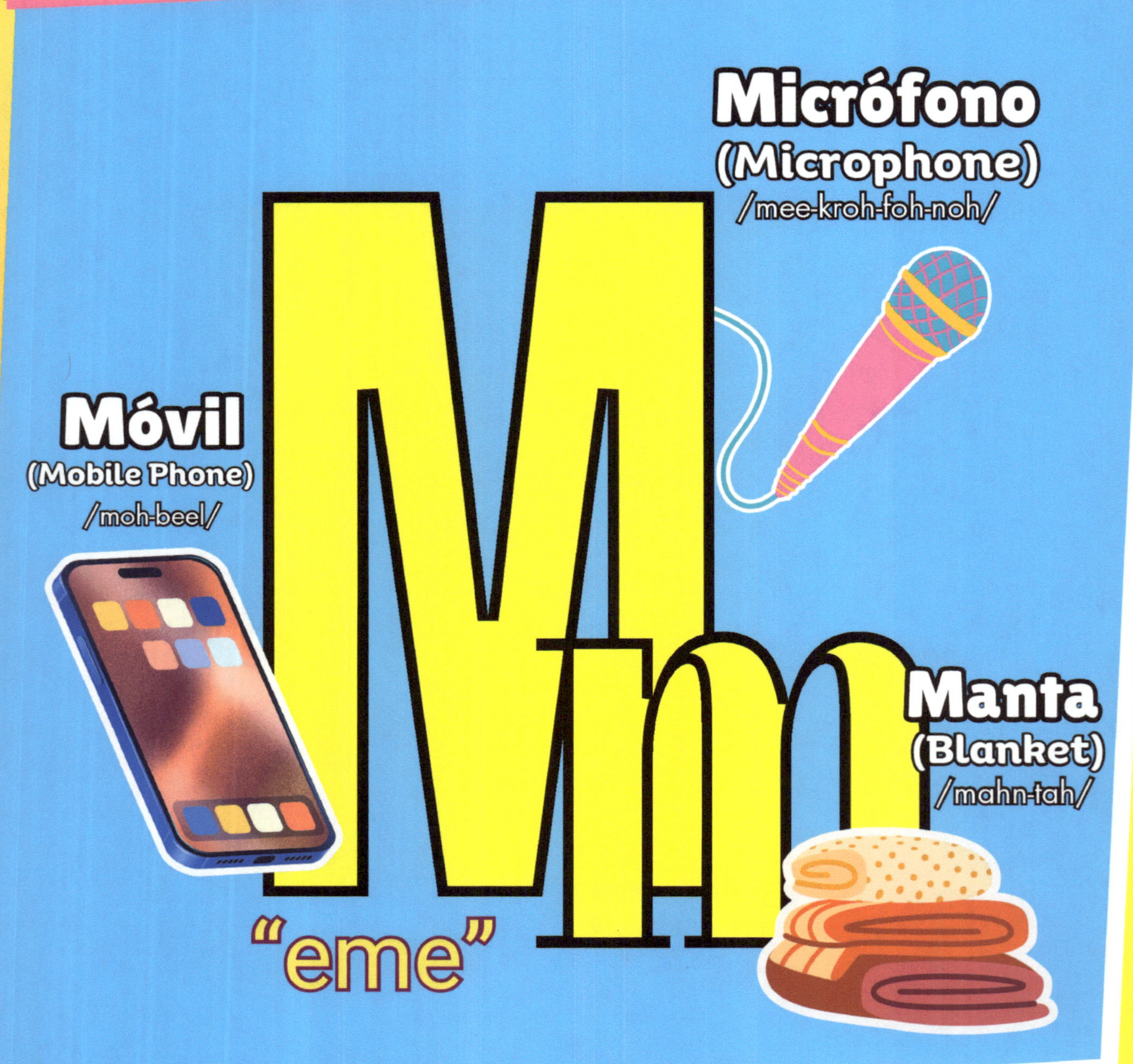

Micrófono
(Microphone)
/mee-kroh-foh-noh/
Móvil
(Mobile Phone)
/moh-beel/
Manta
(Blanket)
/mahn-tah/
Mm
"eme"

Nn
"ene"
Nube
(Cloud)
/noo-beh/
Neumático
(Tire)
/nyoo-mah-tee-koh/
Nido
(Nest)
/nee-doh/

Ññ
"eñe"
Ñandú
(Rhea)
/nyan-doo/
Ñu
(Gnu)
/nyoo/
Ñame
(Yam)
/nyah-meh/

Oso
(Bear)
/oh-soh/
Ordenador
(Computer)
/or-deh-nah-dor/
Océano
(Ocean)
/oh-seh-ah-noh/
"O"

Pincel
(Paintbrush)
/peen-sel/
Patineta
(Skateboard)
/pah-tee-neh-tah/
Pelota
(Ball)
/peh-loh-tah/
"pe"

Queso
(Cheese)
/keh-soh/
Quimono
(Kimono)
/kee-moh-noh/
Quaderno
(Notebook)
/kwah-dehr-noh/
Qq
"cu"

Rr
"erre"

Ratón
(Mouse)
/rah-ton/

Regalo
(Gift)
/reh-gah-loh/

Reloj
(Watch)
/reh-loh/

Sombrero
(Hat)
/som-breh-roh/
Silla
(Chair)
/see-yah/
Secador
(Hair Dryer)
/seh-kah-dor/
Ss
"ese"

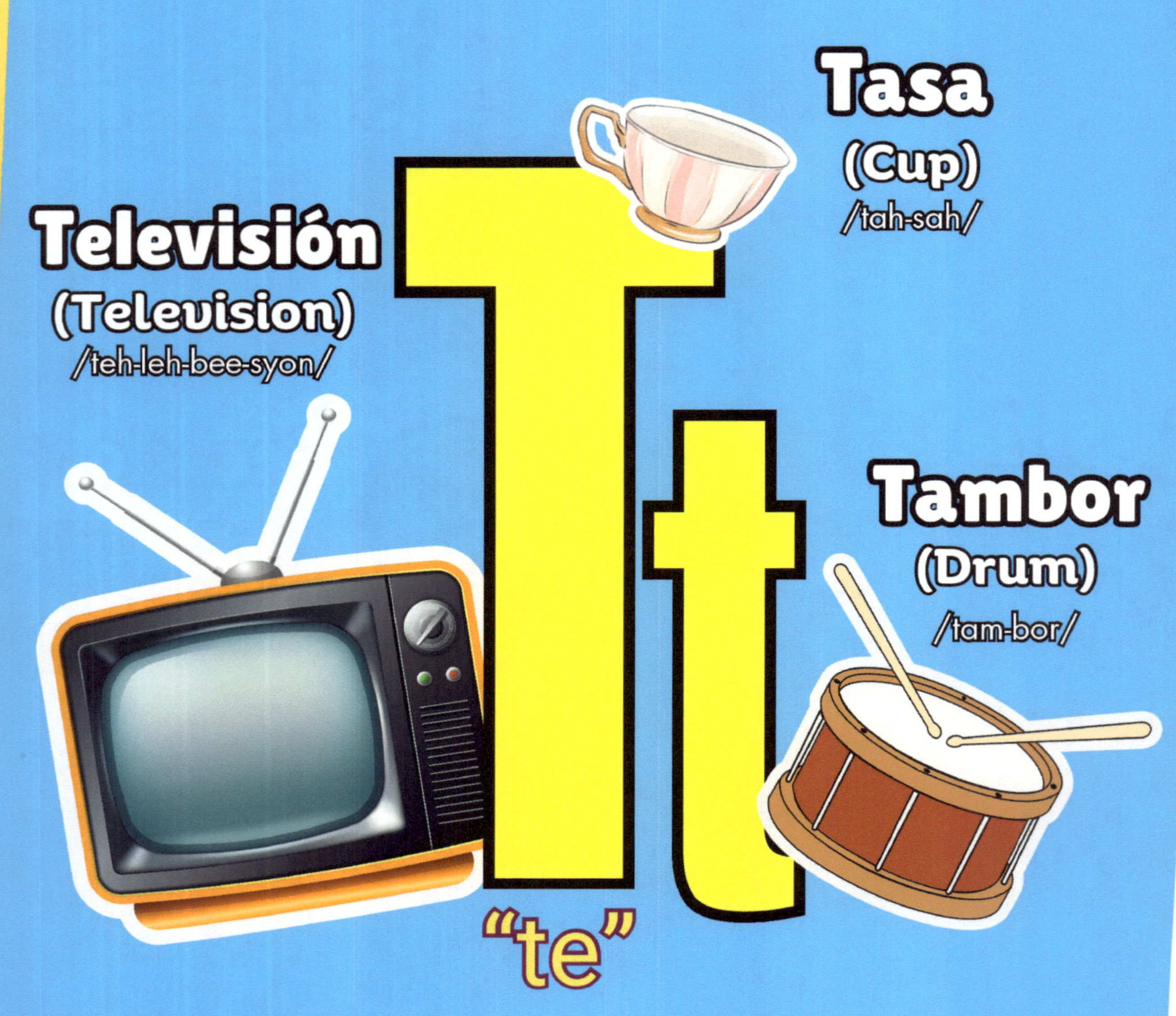

Televisión
(Television)
/teh-leh-bee-syon/
Tasa
(Cup)
/tah-sah/
Tambor
(Drum)
/tam-bor/
Tt
"te"

Uva
(Grape)
/oo-vah/
Uniforme
(Uniform)
/oo-nee-for-meh/
Ukelele
(Ukulele)
/oo-keh-leh-leh/
Uu
"u"

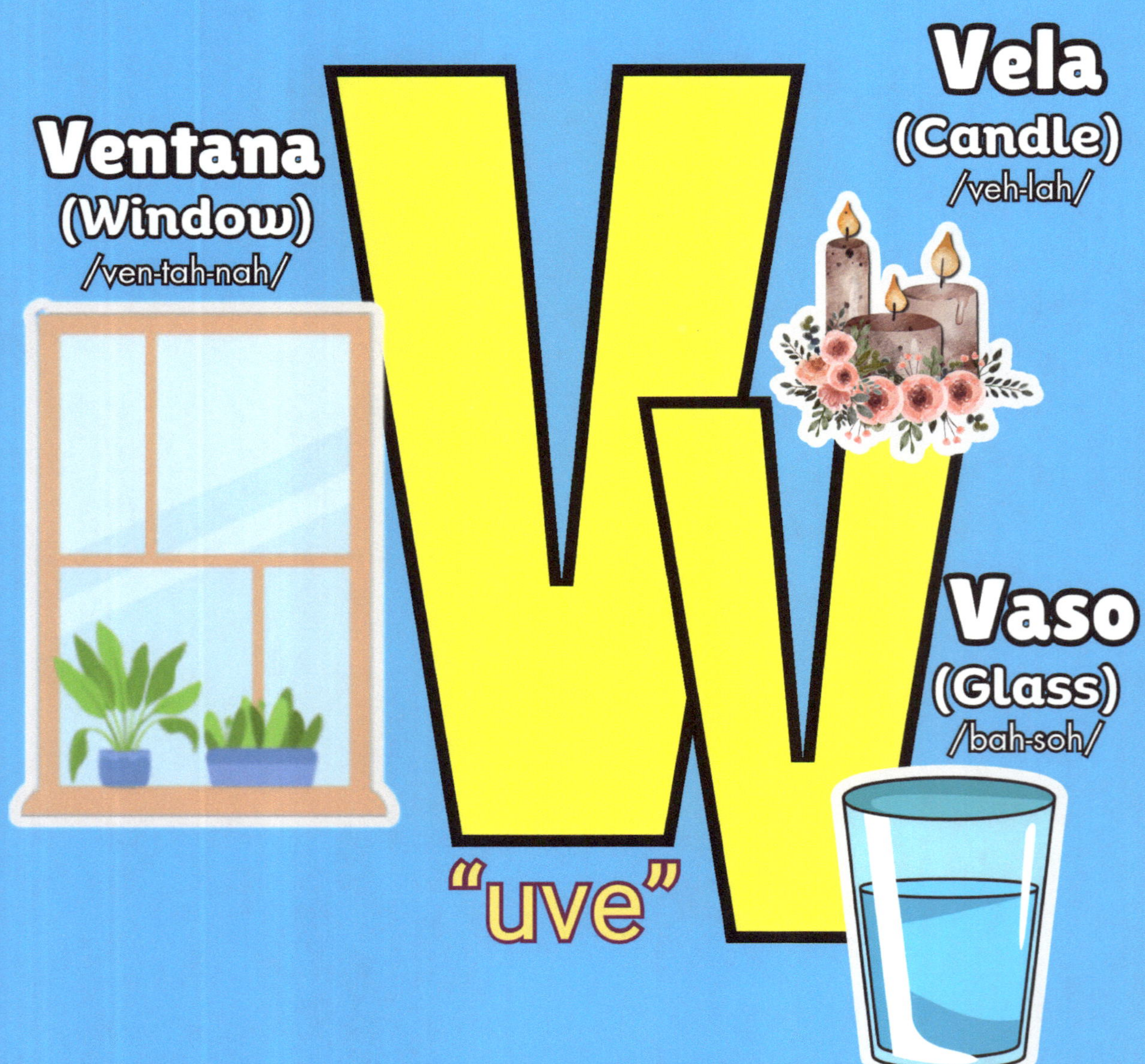

Ventana
(Window)
/ven-tah-nah/
Vela
(Candle)
/veh-lah/
Vaso
(Glass)
/bah-soh/
Vv
"uve"

Wáter
(Toilet)
/wah-ter/
Waffle
(Waffle)
/wah-fuhl/
Wi-Fi
(Wi-Fi)
/wee-fee/
"uve doble"

Xilografía
(Woodcut Printing)
/see-loh-grah-fe-ah/
Xerox
(Photocopier)
/sehrox/
Xilófono
(Xylophone)
/see-loh-foh-noh/
Xx
"equis"

Y y
"i griega"
Yate
(Yacht)
/yah-teh/ 
Yema
(Egg Yolk)
/yeh-mah/ 
Yogur
(Yogurt)
/yo-goor/

Zarape
(Serape)
/sah-rah-peh/

Zafiro
(Sapphire)
/sah-fee-roh/

Zapato
(Shoe)
/sah-pah-toh/

Zz

"zeta"